UMA AVENTURA NO MAR

UMA AVENTURA NO MAR

Roteiro de
Luiz Eduardo Ricon e Maya Reyes-Ricon,
baseado na obra de Samuel Murgel Branco,
O ambiente do mar.

São Paulo, 2011
1ª edição
10ª impressão

© SAMUEL MURGEL BRANCO, 2011

COORDENAÇÃO EDITORIAL: Lisabeth Bansi
ASSISTÊNCIA EDITORIAL: Paula Coelho
COORDENAÇÃO DE PRODUÇÃO GRÁFICA: Dalva Fumiko N. Muramatsu
COORDENAÇÃO DE EDIÇÃO DE ARTE: Camila Fiorenza
DIAGRAMAÇÃO: Cristina Uetake
QUADRINHOS: Gilmar e Fernandes
COORDENAÇÃO DA REVISÃO: Elaine C. del Nero
REVISÃO: Millyane M. Moura
COORDENAÇÃO DE PESQUISA ICONOGRÁFICA: Ana Lucia Soares
PESQUISA ICONOGRÁFICA: Fabio Yoshiito Matsuura e Flávia Aline de Morais
COORDENAÇÃO DE BUREAU: Américo Jesus
TRATAMENTO DE IMAGENS: Fabio N. Precendo
PRÉ-IMPRESSÃO: Helio P. de Souza Filho, Marcio H. Kamoto
COORDENAÇÃO DE PRODUÇÃO INDUSTRIAL: Wilson Aparecido Troque
IMPRESSÃO E ACABAMENTO: Grafilar
LOTE: 282263

Equipe do ISMB (Instituto Samuel Murgel Branco) que colaborou com este livro:

Revisão de roteiro e *design*: Mercia Regina Domingues Moretto,
Fábio Cardinale Branco, Rosana Filomena Vazoller

Referências complementares: Maria Augusta Cabral de Oliveira

Supervisão técnico-científica: Rosana Filomena Vazoller

Coordenação administrativa: Vera Lúcia Martins Gomes de Souza e Célia Massako Onishi

Dados Internacionais de Catalogação na Publicação (CIP)
(Câmara Brasileira do Livro, SP, Brasil)

Branco, Samuel Murgel, 1930-2003.
Uma aventura no mar / baseado em texto de
Samuel Murgel Branco ; roteiro de Luiz Eduardo
Ricon e Maya Reyes-Ricon ; ilustrações Gilmar
e Fernandes. — 1. ed. — São Paulo : Moderna,
2011. — (Série HQ na escola)

ISBN 978-85-16-06942-1

1. Meio ambiente — Histórias em quadrinhos —
Literatura infantojuvenil I. Ricon, Luiz Eduardo.
II. Reyes-Ricon, Maya. III. Gilmar. IV. Fernandes.
V. Título. VI. Série.

10-13430   CDD-028.5

DE ACORDO COM AS NOVAS NORMAS ORTOGRÁFICAS

Índices para catálogo sistemático:

1. Meio ambiente : História em quadrinhos :
Literatura infantil   028.5
2. Meio ambiente : História em quadrinhos :
Literatura infantojuvenil   028.5

EDITORA MODERNA LTDA.
Rua Padre Adelino, 758 – Belenzinho
São Paulo – SP – Brasil – CEP 03303-904
Vendas e Atendimento: Tel. (0_11) 2790-1300
Fax (0_11) 2790-1501
www.modernaliteratura.com.br
Impresso no Brasil,
2019

Apresentação

Olá!

Está preparado para embarcar em uma incrível viagem até as profundezas do mar?

Nas próximas páginas você vai acompanhar meus netos Rique e Carol na emocionante aventura para desbravar este ambiente tão misterioso e instigante.

Junto com eles, vocês irão navegar por um mundo cheio de belezas e perigos e descobrir que, quando as pessoas interferem no equilíbrio de um ambiente, todos os seres vivos que ali habitam podem ser afetados de diversas maneiras.

Inspirada no livro *O ambiente do mar*, de Samuel Murgel Branco, esta divertida história em quadrinhos vai revelar para você as maravilhas do ambiente marinho.

Então, vamos lá!

Vire a página e boa leitura!

Vovô Samuel

"É MUITO IMPORTANTE QUE O AMBIENTE MARINHO SEJA PROTEGIDO. MAS É IMPOSSÍVEL PROTEGER ALGUMA COISA QUE NÃO SE CONHECE, QUE NÃO SE ENTENDE, QUE NÃO SE AMA."

SAMUEL MURGEL BRANCO

O VOVÔ LEVA VOCÊS, ENQUANTO ARRUMAMOS A CASA.

NAQUELA NOITE...

VEJAM! AS ONDAS ESTÃO ILUMINADAS!

É A ARDENTIA DO MAR.

É PROVOCADA PELAS NOCTILUCAS, SERES MICROSCÓPICOS QUE PRODUZEM LUZ, UM FENÔMENO CHAMADO BIOLUMINESCÊNCIA! COMO OS VAGA-LUMES!

NA VERDADE, ISSO PODE SER CONSIDERADO UMA FORMA DE DEFESA DAS NOCTILUCAS.

QUANDO UM CAMARÃO SE APROXIMA, A ÁGUA SE AGITA E AS NOCTILUCAS PRODUZEM ESSE BRILHO COLORIDO, ATRAINDO OS PREDADORES DO CAMARÃO.

O MOVIMENTO DAS ONDAS OU BARCOS PRODUZ O MESMO EFEITO. MAS SÓ PERCEBEMOS QUANDO ESTÁ MUITO ESCURO...

AH, SAMUEL, É TÃO LINDO!

OCIDENTAL, QUEIRAM NOS ACOMPANHAR!

?

LEGAL!!!!!

EI, PARA ONDE ESTÃO NOS LEVANDO?

PARA O FUNDO... DO MAR!

44

O DERRAMAMENTO DE ÓLEO CAUSA UM GRANDE DESASTRE ECOLÓGICO. MILHARES DE ANIMAIS QUE VIVEM NO MAR FICAM COBERTOS DE ÓLEO.

ELES NÃO CONSEGUEM RESPIRAR NO MAR. O PLÂNCTON DIMINUI MUITO E, COM ISSO, TODA A VIDA NO MAR DIMINUI TAMBÉM.

NOSSA...

É TÃO RUIM ASSIM?

VEJAM COM SEUS PRÓPRIOS OLHOS...

O VOVÔ SAMUEL, POR EXEMPLO.

ENTÃO, EU DECLARO O SEU AVÔ COMO MAIS UM AMIGO DO NOSSO REINO!

QUE COMIDA É ESSA?

ACHO QUE NÃO GOSTO MUITO DE COMIDA DE PEIXE...

50

Que incrível aventura! Carol e Rique aprenderam muitas coisas novas, mas ainda ficaram com algumas dúvidas. Por isso, eles resolveram consultar a agenda eletrônica do vovô Samuel. Vejam o que o vovô selecionou para eles:

água-viva

Seu corpo pode ter a forma de um sino, de uma xícara invertida ou de um disco e é composto, em grande parte, de água. A boca fica na parte inferior e é rodeada por tentáculos que possuem um veneno que paralisa suas presas. Algumas espécies são do tamanho de uma moeda, outras chegam a 2 metros. Não é raro encontrarmos na praia banhistas queimados por água-viva.

algas marinhas

A palavra *algas* se refere a um conjunto de seres vivos que estão relacionados às plantas. Elas possuem uma organização simples, vivem em água doce ou salgada. São importantes para o funcionamento dos ambientes aquáticos, pois formam a base das cadeias alimentares.

ardentia

Em certas épocas do ano, em noites escuras, observamos no mar uma luz azul-esverdeada com o movimento das ondas. Esse fenômeno é causado por seres vivos minúsculos que habitam as superfícies dos oceanos.

anêmona

Animal marinho que vive fixo nas rochas, em áreas submersas; lembra uma flor e pode ter várias cores: azul, vermelho, rósea e violeta. Apresenta uma base mais larga, onde se fixa, e, na extremidade oposta, um conjunto de tentáculos, que são usados para capturar seus alimentos: pequenos peixes, crustáceos e larvas.

baiacu

Peixe venenoso que se alimenta, principalmente, de caramujos e algas.
É comum em nosso litoral, onde vive em rochas e corais. Ele chama a atenção quando é pescado, pois infla o corpo.

baleias

São os maiores mamíferos do planeta. Vivem em regiões polares e tropicais. Com uma camada espessa de gordura corporal, a cauda é o principal órgão para o seu deslocamento. Algumas se alimentam de pequenos camarões, outras de uma variedade de peixes, lulas, polvos e crustáceos. Atualmente são protegidas por projetos ambientais, pois estão ameaçadas de extinção.

Saiba mais
sobre o projeto baleia-franca em
www.baleiafranca.org.br
Saiba mais sobre a baleia jubarte em
www.baleiajubarte.org.br

camarão

Crustáceo do mesmo grupo das lagostas, siris e caranguejos. Possui o corpo dividido em duas partes: cabeça (ligada ao tórax) e abdômen (barriga). O esqueleto externo dá rigidez ao seu corpo, que também possui antenas (elas ajudam na localização do alimento), um par de olhos e patas adaptadas para andar e nadar.

caravela

É formada por uma colônia de pequenos animais (como os corais). Possui cor azul ou violeta e uma bolsa flutuante, de onde saem inúmeros e longos tentáculos com estruturas urticantes que paralisam a presa (como pequenos peixes) e também queimam alguns banhistas desavisados.

coral

Os corais são encontrados em águas rasas e quentes e compõem uma grande biodiversidade. A ação humana vem causando sérios impactos aos recifes de corais, que também são muito sensíveis à poluição das águas e às mudanças de temperatura causadas pelo aquecimento da atmosfera.

estuário

Região em que o rio desemboca no mar e sofre a ação das marés. O estuário é uma região rica em nutrientes e apresenta uma grande riqueza de fauna.

Você pode acessar outras informações sobre a vida nos oceanos visitando o *site* do Centro de Biologia Marinha da USP (CEBIMar/USP): www.usp.br/cbm

ermitão

Caranguejo que tem parte do seu corpo mole, sem carapaça, o que o torna vulnerável a seus predadores. Por isso, ele procura uma concha vazia para se abrigar. O ermitão pode ainda alojar uma anêmona sobre a concha, ficando camuflado.

lagosta

Crustáceo que possui uma cauda em forma de leque e antenas muito longas; vive em locais rochosos. Ela se abriga em tocas e é carnívora. É abundante na costa do nordeste do Brasil e muito apreciada na alimentação. Por isso, é frequentemente caçada com redes e armadilhas.

larva

Quase todos os animais aquáticos possuem uma fase de larva. É uma etapa do ciclo de vida entre as fases de ovo e a juvenil. As larvas se movem pouco e passam por transformações durante seu crescimento. Nessa fase são muito diferentes da fase adulta.

lula

Tem o corpo cilíndrico e possui dez tentáculos. É muito apreciada na culinária de vários países, inclusive no Brasil. Algumas espécies vivem em grandes profundidades e podem pesar dezenas de quilos.

peixes

São os animais mais conhecidos no meio aquático, seja marinho ou de água doce. Os peixes têm uma importância econômica muito grande, pois são usados na alimentação, sendo uma fonte fundamental de proteínas e gorduras na dieta humana. Algumas espécies são cultivadas para comercialização.

Se você tiver possibilidade, visite o Aquário Municipal da cidade de Santos, no estado de São Paulo: www.vivasantos.com.br/aquario/

plâncton

Esse termo, de origem grega, é utilizado para definir um conjunto de diferentes seres vivos microscópicos, que vive flutuando nas águas dos rios e dos mares. Possui movimentos limitados, por isso, no mar, é arrastado pelas correntes e ondas. O plâncton serve de alimento para inúmeros animais e é, portanto, fundamental nas cadeias alimentares marinhas.

polvo

Tem o corpo mais arredondado do que a lula e oito tentáculos, que podem atingir mais de um metro. Vive no fundo do mar e busca abrigo em tocas na areia ou em rochas. Muda de cor rapidamente, camuflando-se no ambiente. É comum encontrarmos polvos escondidos em grandes vasilhas jogadas no mar. Come peixes, crustáceos e outros moluscos, e, assim como as lulas, é apreciado na culinária.

tatuí

Também conhecido como tatuíra ou pulga-do-mar, esse pequeno crustáceo possui até 4 centímetros de comprimento, cor esbranquiçada e é semelhante a um tatuzinho. Vive em túneis escavados na areia, em praias arenosas na zona das marés. Pode ser consumido como alimento ou usado como isca para a pesca.

Consulte também o *site* www.infoescola.com/biologia-marinha para você entender um pouco mais sobre o fascinante ambiente marinho!

E então? Ainda tem alguma coisa que você queira saber?

Com certeza agora você conhece muito mais sobre o ambiente marinho e sua rica biodiversidade. Neste livro você aprendeu como cada ser vivo é importante para manter o equilíbrio de um ambiente e como a poluição pode contribuir para o desaparecimento de algumas espécies, prejudicando todo o sistema da **cadeia alimentar**.

Junto com Carol e Rique, você também viu que o cheiro, a cor e a forma são características essenciais que permitem aos animais encontrar alimentos, perceber predadores e escolher parceiros para reprodução.

Mas, quando se fala de seres vivos, sempre pode haver alguma coisa que ainda não sabemos. Portanto, se tiver curiosidade em saber algo mais sobre o ambiente marinho, anote as dúvidas em seu caderno para não esquecer e pesquisar mais tarde. Entrevistas com biólogos marinhos permitem aprofundar os conhecimentos e podem responder a muitas questões.

Por trás da história

Você acabou de ler uma história em quadrinhos baseada na obra do professor Samuel Murgel Branco, ou seja, os autores Maya e Luiz Eduardo leram o livro original e contaram a mesma história de forma diferente. Mas de onde saiu a ideia da história original? Por que ela foi escrita?

Descubra, agora, o que está por trás da história

Samuel Murgel Branco nasceu em São Paulo, em 1930. Estudou história natural, um curso que não existe mais, mas que ensinava tudo sobre geologia e biologia, além de outros conhecimentos. Tornou-se sanitarista, ou seja, dedicou-se a estudar a saúde e as causas das doenças, principalmente as ocasionadas pela poluição das águas. Foi um grande professor e um pesquisador conhecido no Brasil e fora dele, sendo consultor internacional da Organização Mundial de Saúde durante muitos anos. Mais do que tudo isso, o professor Samuel foi um apaixonado pela natureza e uma pessoa com capacidade de transmitir essa paixão e todo seu conhecimento por meio de histórias, muitas histórias. Além dos livros científicos, publicou dezenas de livros para crianças e jovens.

Em 2004, foi criado o Instituto Samuel Murgel Branco (ISMB), que tem como missão fazer com que as obras escritas por ele e seu conhecimento se perpetuem.

Para saber mais sobre o ISMB acesse: http://www.ismb.org.br

A ideia da história original

Desde criança o professor Samuel, avô do Rique e da Carol, frequentava as praias do litoral sul de São Paulo. Visitava, principalmente, a cidade de Itanhaém. Sempre interessado na natureza e extremamente observador, Samuel percorreu toda essa bela região, muitas vezes nas canoas dos índios. Apreciava a exuberante vegetação de restinga com sua infinidade de aves e outros animais, passando pelo manguezal, até o belo estuário do Rio Itanhaém, próximo aos costões litorâneos. Foi com esse espírito que ele escreveu, na cidade de Itanhaém, o livro *O ambiente do mar*, procurando passar para os leitores mirins toda a beleza que caracteriza os diversos ambientes do nosso litoral.

As adaptações e inovações narradas na HQ *Uma aventura no mar* mostram a visão do professor Samuel apresentada por meio de diálogos e situações divertidas vivenciadas por seus netos – acostumados a viver em ambiente urbano – e personagens imaginários, como o Professor Sardinha e D. Lagostim. As aventuras de Carol e Rique são um aprendizado para todos nós e ressaltam a importância da preservação do meio ambiente.